Katia Canton

Gravura Aventura

DCL
DIFUSÃO
CULTURAL
DO LIVRO

Copyright © 2012 do texto: Katia Canton
Copyright © 2012 da edição: Editora DCL

DIRETOR EDITORIAL:	Raul Maia Junior
EDITORA DE LITERATURA:	Daniela Padilha
EDITORA ASSISTENTE:	Eliana Gagliotti
REVISÃO DE PROVAS:	Nair Hitomi Kayo
PROJETO GRÁFICO E DIAGRAMAÇÃO:	Clayton Barros Torres
CAPA:	Guilherme Xavier
PESQUISA ICONOGRÁFICA:	Mônica de Souza

Texto em conformidade com as novas regras
ortográficas do Acordo da Língua Portuguesa.

Dados Internacionais de Catalogação na Publicação (CIP)
(Câmara Brasileira do Livro, SP, Brasil)

Canton, Katia.

Gravura aventura / Katia Canton. -- São Paulo :

DCL, 2011. -- (Coleção arte aventura)

ISBN 978-85-368-1204-5

1. Gravura - História 2. Gravura - Literatura
infantojuvenil I. Título. II. Série.

11-09103   CDD   028.5

Índices para catálogo sistemático:

1. Gravura : História : Literatura infantojuvenil   028.5

1ª edição · fevereiro · 2012

Editora DCL – Difusão Cultural do Livro Ltda.
Rua Manuel Pinto de Carvalho, 80 – Bairro do Limão
CEP 02712-120 – São Paulo – SP
Tel.: (0xx11) 3932-5222
www.editoradcl.com.br

CRÉDITOS DAS IMAGENS

© Foto: Cesare Gerolimetto/Grand Tour/Corbis/Latinstock. (p.10)

© Yves Klein/Licenciado por AUTVIS, Brasil, 2011 / Musee Cantini, Marseille, France. Foto: Bridgeman Art Library/Keystone. (p.13)

José Rufino. Memento Mori, 2004. Monotopia maneira de Rorschach têmpera sobre papéis antigos sobre madeira. Coleção Charles Cosac / Foto: Flávio Lamenha. (p.17)

Paulo Bruscky. Confirmado é arte, 1977, carimbo e decalque sobre cartão-postal. Obra pertencente ao MAC- USP. (p. 20)

Cildo Meireles. Inserções em circuitos ideológicos. Projeto Coca-Cola, 1970. (p. 23)

©Bridgeman Art Library/Keystone. (p. 26)

Karl-Schimidt-Rottluff. Autorretrato, s/d. © Schimidt-Rottluff, Karl/Licenciado por AUTVIS, Brasil, 2011. (p. 29)

©J. Borges, Mudança de Sertanejo. Xilogravura. Coleção Particular (p. 30, 31)

Albrecht Dürer. Lamentação, 1497-1500. Biblioteca Nacional, Paris (p. 35)

Rembrandt Harmensz. van Rijn (1606-69). Dr. Faustus em seu estúdio. Leeds Museums and Galleries, Londres. (p. 36)

Pablo Picasso. A grande coruja, 1948. Litografia. © Succession Pablo Picasso / Licenciado por AUTVIS, Brasil, 2011 - Museu Picasso, Paris. Foto: Michèle Bellot/RMN/Other Images. (p. 39)

Cartographical office, litographic stone, copy, 1954. © TCI/Glowimages. (p. 40)

Max Ernst. A grande floresta, 1927. Óleo sobre tela. ©Ernst, Max/Licenciado por AUTVIS, Brasil, 2011. (p. 43)

Andy Warhol (1928-1987). Marilyn díptico, 1962. Acrílico sobre tela. © Andy Warhol Foundation / licenciado por AUTVIS, Brasil, 2011. - Tate Gallery, Londres. (p. 46, 47)

Roy Lichtenstein. Mulher se afogando. © Estate of Roy Lichtenstein / Licenciado por AUTVIS, Brasil, 2011. - The Museum of Modern Art, Nova York. (p. 48)

Hudinílson Júnior. Narcisse, exercício de me ver VIII, 1984. Arte-xerox. (p. 51)

CRÉDITOS DAS CRIANÇAS

João Roberto Monteiro da Silva, Lourenço Vera e Silva Guimarães, Sofia e Camila Moyses Ast.

Katia Canton

Gravura
Aventura

Dedicado a João Roberto Monteiro da Silva;
Lourenço Vera e Silva Guimarães; e Sofia e Camila Moyses Ast.

Você sabe o que é uma gravura?

É uma forma de arte que pode ser reproduzida, gerando uma ou várias cópias.

É assim: o artista cria uma imagem que será uma matriz. Com ela, pode fabricar várias cópias ou reproduções.

A matriz pode ser feita com materiais diferentes. Cada uma gera um tipo de gravura.

Quando a matriz é a madeira, temos a xilogravura. E quando a matriz é a pedra, temos a litogravura.

Temos também matrizes de metal, de tecido, de tela, de borracha, entre outras.

É comum que o artista determine o número de cópias de uma imagem. Então, elas serão numeradas, gerando uma edição.

O artista também pode fazer provas, chamadas P.A. (provas de artista). Ele faz isso para experimentar o resultado da obra, antes de numerar a sua edição final.

E quando foi criada a primeira gravura, você sabe?

A gente pode dizer que ela foi feita pelos homens das cavernas, em um período conhecido como Pré-História.

Essa imagem foi feita dentro de uma caverna. Alguém usou a própria mão como matriz e soprou pó colorido sobre ela. Em seguida, carimbou a marca de sua mão na pedra.

O ambiente da caverna é protegido: ali não bate sol nem cai água das chuvas. Por isso, essa imagem existe até os dias de hoje.

No início dos anos 1960, o artista francês
Yves Klein criou um novo tipo de gravura.
Ele pintava o corpo de modelos e depois
carimbava seus corpos sobre tecidos e telas,
como vemos nesta reprodução. Ele adorava
usar uma tinta azul forte, um azulão. Esse tom
ficou conhecido como "azul Klein".

Vamos fazer gravura?

Passe tinta em seus dedos, em suas mãos ou em seus pés. Ou, ainda, você pode usar qualquer outra parte do corpo.

Depois, pressione sobre folhas de papel.

Você perceberá que cada cópia sairá diferente, mostrando detalhes das texturas e linhas da pele.

Olhe só como Sofia e Camila estão fazendo...

Você também pode usar seu corpo como se ele fosse um carimbo. Veja a mão esquerda do João.

Metades iguais

O psiquiatra suíço Hermann Rorschach (1884-1922) desenvolveu um teste para entender melhor a personalidade de seus pacientes. Ele pedia para eles aplicarem tinta em uma folha de papel, dobrá-la ao meio e, depois, abri-la. Conforme o desenho que surgia, o doutor Rorschach fazia uma interpretação.

Esta obra do artista José Rufino, *Memento Mori*, foi feita com essa técnica.

Veja como metade da imagem é do mesmo tamanho que a outra metade.

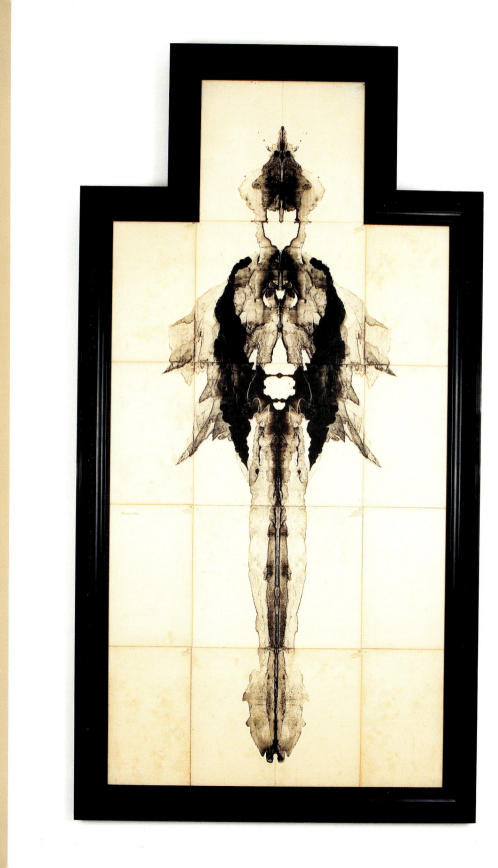

Faça uma gravura estilo Rorschach.

Pegue uma folha de papel, passe tinta de diferentes cores, espalhando-as. Em seguida, dobre a folha ao meio e faça uma leve pressão. Depois, abra e veja o que aconteceu...

João usou as cores verde e azul, mas você pode experimentar as que quiser.

Arte feita com carimbo!

Uma forma muito utilizada para reproduzir imagens é o carimbo.

Paulo Bruscky, um artista pernambucano, utilizou postais, caixas, vassouras e muitos outros materiais do cotidiano para fazer sua arte.

Nesta, chamada *Confirmado: é arte*, ele usou carimbo.

Sabe aquelas tatuagens provisórias ou decalques, que às vezes vêm em embalagens de balas e doces?

O artista brasileiro Cildo Meireles usou decalques para escrever em garrafas de Coca-Cola opiniões sobre arte e política.

Que tal colocar também sua opinião em garrafas?

Vamos fazer gravuras carimbadas?

Para isso você pode usar como matriz carimbos de madeira, borracha ou ainda carimbos caseiros feitos com batatas cortadas ou pedaços de sabonete.

Corte a batata ao meio e faça um desenho simples. Então peça ajuda de um adulto para cavocar as linhas desenhadas com faca ou estilete, formando o relevo.

Depois de pronta a sua matriz, pegue tintas, uma grande folha de papel e divirta-se, criando novas composições.

Veja o João, a Sofia e a Camila se divertindo com os carimbos

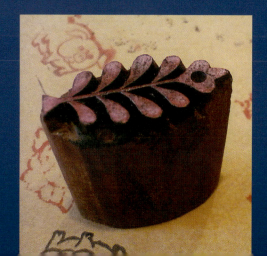

A origem da gravura na China

As primeiras gravuras foram criadas na China no nono ano do reinado de Xian Tong (868), durante a dinastia Tang.

Os desenhos eram feitos sobre madeira e seus contornos eram cavados. Então, finalmente, recebiam tinta. Depois dessa etapa, as imagens eram carimbadas em tecidos ou outras superfícies, criando padronagens para roupas ou peças de decoração. Para produzir um cartaz ou selo, também era comum usar a gravura.

A Xilogravura é uma das técnicas mais tradicionais da gravura.

Na xilogravura, o artista faz um desenho sobre a madeira e depois cava seus contornos com uma ferramenta especial chamada goiva. Ela se parece com uma faca.

Depois, ele passa tinta sobre a madeira com um rolinho e a pressiona sobre o papel. E assim faz quantas impressões quiser.

Artistas alemães do início do século XX, chamados expressionistas, buscavam maneiras potentes para expressar emoções. Veja a expressão deste autorretrato de Karl-Schmidt Rottluff. Não é forte?

O pernambucano J. Borges aprendeu a fazer gravura sozinho para ilustrar seus cordéis. Cordéis são folhetos com histórias rimadas em versos, vendidos pendurados em varais.

J. Borges se tornou um dos maiores artistas populares do Brasil, usando a técnica da xilogravura. Esta obra chama-se *Mudança de sertanejo.*

Xilogravura adaptada ao isopor

Nem sempre é fácil trabalhar com madeira. Então, a gente pode experimentar adaptar a técnica da xilogravura, usando isopor ou papelão. Com a ponta da caneta ou do lápis você desenha bem forte, deixando uma linha funda. Daí, é só passar tinta e imprimir no papel.

Vamos, experimente!
Veja como o Lourenço e
o João estão fazendo.
É bem divertido.

Gravura em metal

Na história da arte ocidental, num período conhecido como Renascimento, desenvolveu-se a gravura sobre chapas de metal. Entre os anos de 1497 e 1500, o artista alemão Albrecht Dürer (1471-1528) produziu a obra ao lado, chamada *Lamentação*.

Há vários instrumentos e procedimentos para se fazer gravura em metal, ou gravura de encavo.

Com um instrumento pontudo e fino (ponta seca ou buril), o artista desenha sobre uma chapa de metal. Assim, produz riscos profundos nela.

Depois, é passada a tinta, que penetra nesses riscos profundos.

Então, o papel é prensado sobre a chapa e o desenho se transfere para ele. Está pronta a gravura em metal!

Água-forte

Outro procedimento usado sobre o metal é a água--forte. O artista desenha sobre a chapa e, em vez de riscá-la profundamente com instrumentos pontudos, ele derrama uma mistura de ácido nítrico, que corrói as linhas, criando esses riscos. É importante que o resto da chapa, a parte que não deve ser corroída, seja protegido com um verniz.

O artista holandês Rembrandt (1606-1669) fez muitas gravuras com água-forte.

Água-tinta

A água-tinta é outra técnica em que se utiliza matriz de metal. Mas, nesse caso, a placa de metal recebe breu em pó, e a corrosão é feita com percloreto de ferro, outro ácido. Para proteger as áreas que não devem ser corroídas, o artista usa goma-laca, uma espécie de cola.

Veja esta coruja que Picasso fez usando água--tinta. O nome dessa obra é *A grande coruja*.

Essas técnicas que utilizam ácidos e materiais pontudos só podem ser usadas por artistas experientes. Sabe por quê? Elas podem ser muito perigosas.

Litogravura

Aqui, a matriz é uma superfície de pedra bem lisa. Com um lápis especial, à base de gordura, o artista desenha sobre a pedra.

Depois a pedra é umedecida com água e aplica-se tinta sobre ela. Essa tinta só vai se fixar sobre a imagem desenhada, na parte em que há gordura.

Por fim, são feitas as impressões no papel.

A grande floresta

Max Ernst foi o criador do termo francês *frottage*, que significa acalcar, riscar. Ele colocava objetos embaixo do papel e demarcava suas texturas passando o lápis sobre eles.

Ele fez várias obras interessantes usando essa técnica.

Esta ao lado chama-se *A grande floresta*, que depois foi finalizada com tinta.

Que tal experimentar a técnica de frottage?

Você pode escolher materiais para criar uma superfície texturizada. Para formar os desenhos, pode usar palitos de fósforo, moedas, folhas e flores. Coloque uma folha de papel por cima desses materiais e passe giz de cera (de preferência, com o giz deitado de lado no papel). Assim, as texturas do material vão aparecer no desenho. Experimente!

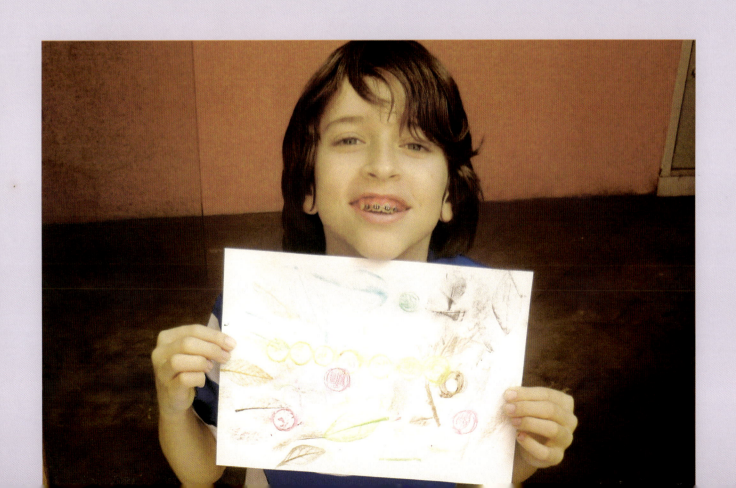

Serigrafia

A serigrafia é uma técnica de gravura que permite a reprodução de estampas e desenhos em grande quantidade. Olhe em volta e você verá muitos exemplos de serigrafia! As estampas de suas camisetas, por exemplo.

Na arte, a serigrafia ficou muito famosa com os artistas pop, entre os anos 1950 e 1960. O norte-americano Andy Warhol, autor da obra ao lado, foi o mais conhecido deles.

Na serigrafia, uma tela gravada com uma imagem é transferida para qualquer outra superfície. A tela, bem esticada, recebe tinta para que a imagem seja transferida com a ajuda de um rodo. Isso pode ser feito em grande quantidade.

Hoje existem modos rápidos e simples de fazer serigrafia, usando máquina industrial.

cópias

Uma máquina de cópias, como xérox ou escâner, pode virar uma matriz de gravura!

O artista brasileiro Hudnilson Jr. colocou partes de seu corpo sobre a superfície de uma máquina de escâner e fez cópias. Veja a obra ao lado.

Do escâner vamos às outras máquinas de reprodução de imagens.

Além do computador e das câmeras digitais, existem muitas maneiras de transferir e reproduzir imagens...

Basta usar a imaginação!

E então? Vamos fazer gravura?

Arquivo pessoal

Katia Canton

Sou doutora em Artes e Literatura pela Universidade de Nova York e atuo como professora nessa área, na Universidade de São Paulo (USP). Como curadora, organizo muitas exposições de arte. Agora, uma das coisas que eu mais gosto de fazer são os livros para crianças e jovens. A gravura é interessante porque permite à arte se reproduzir. Com uma obra de arte, a gente faz várias, e isso inclui a possibilidade de utilizarmos muitos materiais e formas diferentes de criar. Papel, madeira, metal, pedra, isopor, borracha, entre tantos outros materiais, podem ser usados na gravura, que acaba sendo um dos meios favoritos de trabalho para os artistas, assim como nas escolas, para professores e alunos, e para crianças de todas as idades! Agora, que tal, vamos fazer gravura?

Você pode conferir minha produção no site:
www.katiacanton.com.br